Renaud BRAY

WILLIAM J. F. SYAD

KHAMSINE

Poèmes

Préface de
Léopold Sédar Senghor

PRÉSENCE AFRICAINE
25 bis, rue des Écoles, 75005 Paris
64, rue Carnot, Dakar

ISBN 2-7087-0702-7

« Toute culture est valable,
qu'elle soit écrite ou orale... »

« Nomadic expressions... »

PRÉFACE

J'ai connu William Syad, il y a quelques années alors qu'il était un adolescent frêle et délicat. Il a conservé quelque chose de cette gracieuse ambiguïté que souligne son type de « Nègre Marginal » car Syad est un Somali, un nègre d'Orient, comme la reine de Saba.

Ses poèmes ont le parfum subtil du Cantique des Cantiques. Et aussi l'accent des poèmes de Tagore, c'est dire qu'ils sont les fleurs naturelles d'une terre de poésie, de la terre du nard et de l'encens : des orchidées parfumées.

Les poèmes de langue française sont des poèmes d'amour. Ils vont plus loin que la grâce fluide qu'ils dégagent. Ils expriment l'essence même de l'amour : le combat meurtrier et vivifiant en même temps que se livrent les amants opposés mais confondus, comme les deux parties antagonistes et complémentaires d'un tout.

Par-delà le drame de l'homme et de la femme, les poèmes de Syad expriment celui de deux races placées sous les signes du Soleil et de la Lune. Ils sont les idéogrammes qui traduisent le jeu sacré des forces cosmiques. J'ai rêvé de Syad scribe d'Egypte, sculptant les hiéroglyphes d'une main subtile et sûre.

Car Syad n'est pas un amuseur. C'est un poète. C'est dire qu'il est engagé. Ce dont témoignent les poèmes que voilà, et encore plus ceux de langue anglaise, qui chantent le destin de son peuple...

Léopold Sédar SENGHOR.

Du sable au creux d'une main...

Adeer aide-moi à te déchiffrer

1er strophe

Comme
le *khamsine*
du désert
Tu as passé
dans ma vie
et pour toute
trace
Tu n'as laissé
que des sillons
vagues
et ce répit
de grâce

2e strophe

3e strophe

vent
et désert en oppo.

→ le passé
le présent
d'une vie

→ traces dans la poussière

répit ≠ à grâce

temps mort

pardon
clémence
oubli.

NI POÈTE... NI ÉCRIVAIN...

Je ne suis
je Te prie de croire
ni poète
ni écrivain
et pourtant quelque esprit
me pousse
à prendre la plume
griffonner les quelques pensées
palpables
que j'essaie
dans ma hantise rêverie
de toucher du doigt

Je ne suis
Je Te prie de croire
ni poète
ni écrivain
et pourtant Tu vibres en moi
comme une pensée

insolite
qui vient déranger
l'instant
où je vis

Je Te prie de croire
                    Je ne suis
                      ni poète
                    ni écrivain
mais une pensée
vouée à l'éternel *néant*
où tout est vibration
dans l'engrenage transitoire
où tout est rien
je ne suis
qu'une vibration
dans la myriade des mortels

ÉVASION

Comme
une fleur
Insolente
fanée
à l'aube
rampant
de la nuit

Tes ailes
frêles
laissaient
des frissons
sur les dunes
de sable
de mon rivage
désert

Seul
solitaire
j'attends encore
le bruissement
de l'aurore

ANGE NOIR

Ecoute, dis-moi
es-Tu ange ou démon ?
tes tresses blondes
est-ce *Ibliss*
qui les griffe
dans ses forges éternelles
crachant le feu
nourricier
du Mal
dis-moi...
Où sont-ils
les filigranes de l'Astre du *jour*
et de la *lumière*
chariot de la
céleste *pensée*...
étincelle nourricière
du *mal*
qui naît
du *bien*
et du *bien* qui n'est autre
que le flux de la *pensée*
et de *l'éternel instant*...

Dis-moi
es-Tu Ange ou Démon
ou sors-Tu
de l'irréelle *pensée*
D'ou viens-Tu
où vas-Tu
Dis-moi...
Ton regard est-il tourné
vers le céleste *destin*
infini
ou vers les abîmes
définis par le *mal*
que Tu portes...
Oh ! dis-moi
ce fluide que Tu laisses
à ton passage
est-il
maléfique ou
bénéfique

Iblysse

#

Dis-moi
non...
garde plutôt
le silence
puisque ton *destin*
est tel
éternel voyageur de la pensée
Car Tu n'appartiens pas
à ce monde
et pourtant
Tu y demeures...

dialogue entre Lyad et Iblysse.
la grd de la France se limite à
des vieux immeubles et édifices
Napoléon, Arche de la défense
av des champs Elysee -
↓ etc. . .
UNESCO où les
édifices sont en
phase d'écroulement.

POURQUOI...

Pourquoi tout en Toi
n'est que contradiction...
Lorsque ton sourire
épanouit ton visage serein et pur
ton fluide est contraire à tes sens.
Pourquoi, peux-Tu
me dire ?
Lorsque Tu parles
Tu ne le voudrais pourtant
Lorsque Tu marches
en Toi naît une vibration contraire
et Tu hésites
Pourquoi ?
Lorsque Tu bois
ta pensée refuse
pourquoi, peux-Tu me dire...

AMOUR...

Cet amour
que j'éprouve pour Toi
est comme
l'étincelle de l'éternel
céleste...
qui jaillit
dans le *temps*
et dans *l'espace*
nourrit toute pensée pure
avorte dans le *mal*
de la chair
et par la chair
le consume
dans la *pensée*
et dans le *néant* irréel
qui nous entoure...

TOI…

Ma pensée
mon bonheur
mon malheur
ma joie
ma tristesse
mon tout
et mon rien

Une vie

TES YEUX RIEURS...

Lorsque dans tes grands
yeux rieurs
je contemple
ils reflètent notre amour

Je bois
la douce onde
qui s'y dégage
et ne vois
qu'une seule image
la nôtre

Tu regardes
au travers de moi
Tu contemples un monde
dont seule
Tu peux me conter
le roman

Souvent
lorsque ma voix
Te ramène sur terre
près de moi
ton regard infini
paraît comme si
Tu revenais
d'un long voyage intercéleste
où va souvent
baigner
ton âme promeneuse

NE M'OUBLIE PAS...

J'entends encore
ta voix me parvenir
de très loin
du lointain sans lendemain
et me dire
au creux d'une oreille
penchée
vers un passé
qui trépasse son dernier
soupir

Ne m'oublie pas mon chéri
je t'aime

Cet amour que j'ai
pour toi
est impalpable
pourtant
combien
je voudrais
qu'il vécût
de chair et d'os
un seul de nos instants
qui se meurent
et trépassent
adieu je passe
et soupire

ADIEU...

adieu, non
ne me le dis pas
l'adieu n'est qu'un futur
présent
un au revoir
pour celui qui ne peut
concevoir hier
ce passé
qui se fond avec
l'instant
Instant déjà passé
devant un proche futur
Muse
oh Muse chérie
ne me dis point adieu
car l'instant
passé
présent
futur
n'appartient
qu'à la *pensée divine*

L'aube d'une vision...

L'ANGE AUX AILES BRISÉES...

J'ai rêvé
que dans l'antique légende
de mon pays natal
existait un ange
banni à jamais
du néant vibrant
aux ailes brisées
par le feu du *Mal*

Depuis ce jour lointain
cet instant
qui s'est arrêté
dans l'infini céleste
il erre
de par *l'Univers*
sidéral et concret
prenant tantôt
la forme de l'homme et
marchant sur ses pas

et tantôt
la forme d'une pensée fluide
On reconnaît à son passage
ce fluide
qu'il laisse sur les pas des
hommes...

Sa *pensée* est vie
inconnue
aux hommes
et qui laisse des traces
du *Mal* et du *Bien*
dans son esprit
as-Tu reçu
dis-moi
la grâce de cet
ange aux ailes brisées
ou l'incarnes-Tu
dans l'instant de sa pensée...

Il est dit encore...
que cet ANGE pleure
dans la nuit des temps
Ses pleurs sont
un chant harmonieux
pour ceux qui errent
dans l'immensité
de la pensée *céleste*
Depuis que le *temps*
est devenu *instant*
et *l'instant*
l'éternelle pensée
l'étincelle *divine*
ce chant
guide leurs pas
dans le labyrinthe
éternel
du *néant*

Il est dit encore...
que cet ange aux ailes brisées
Crée des pensées fluides
les unes bénéfiques
et les autres
maléfiques
Dis-moi...
des quelles tiens-Tu
la grâce...

LA FEMME ET LE CHIEN...

Que veux-Tu
Dis-moi...
Rien, mais j'ai pensé
à Toi
j'ai rêvé plutôt de Toi...
et dans ce rêve
j'ai cru
plutôt
j'ai vu
une femmc
c'était Toi
et un chien
c'était le *mal*
ton autre Toi-même
ou ton revers
le saurai-je
jamais...

Vouloir quoi ?
dire quoi ?

penser à une personne de sexe opposé,

ds le rêve, il y a plusieurs facettes, l'être humain il y a toujours plusieurs étapes *

la femme est par synonyme un être complexe

à la fois douce et violente surtout quand il s'agit de rivalité. Rivalité de l'amour, l'amant.

ton autre = ta moitié, la destinée,

Le revers est par opp ce que l'on prend de plein fouet
fouet → exemple le revers de la médaille.

*
prémonitoire
*

Dans ce rêve
Toi
Tu avais
de grands cheveux
blonds
et ce chien
une immonde bête
et pourtant
un bel animal
bâtard de loup et de lièvre
dont le collier
était d'or massif
et la chaîne
qu'il traînait
de métal
vulgaire

rêve ≠

Dans ce rêve
Tu portais ce chien
dont la moitié
du corps
faisait un
avec le tien
Tu m'as dit
j'ai à te parler
de toi
de moi
de ce chien
qui fait partie
de ma chair
viens...
je T'ai répondu
va,
suis ta route
et laisse-moi
en paix
que la grâce
t'y accompagne...
Tu t'en allais
et pourtant
je sentais ta pensée
me dire
je ne suis que la grâce
et je désire ton bonheur

mi-chien, mi-homme
un démon par excellence
SOG

démons, diable par exemple

Demander de lui laisser en paix et que ce démon suive sa route
grâce ≠ n'est conforme ē un démon, c'est de l'IRONIE

Encore le démon perturbe

en se faisant passer par une nouveauté, une lutorce. Chez les somalis, le diable l'est considéré comme un animal à multiple têtes. Se faisant passer tantôt pour quelqu'un d'aimable comme IBLISE

La bête immonde
t'échappait à cet instant
et se dirigeait vers moi
Alors
que j'essayais
d'attraper sa chaîne
ta pensée fluide
immobilisait l'animal
il fit volte-face
et s'en alla
vers une vieille dame
aveugle
assise au coin de la rue
qui me dit :

Mon enfant
la femme aux cheveux d'or
que tu vois là-bas
porte le *bien*
Elle est dame
de la *chance*
et de la *joie*

Une contradict°

femmes blondes Batav → dame de chance

NB: M goût que l'auteur les fem. blondes par excellence ont très cools et discrètes.

Très souvent on associe Aye avec IOG. Il fait parti des classes des Ayes (ceux qui n'ont pas de gratitude).

Aye = IOG

Comme l'ombre suit
la lumière
la *pensée divine*
la fait suivre par le *mal*
Ce chien que tu vois
lécher ses pieds
et dont la demeure
est son corps
c'est le *Mal* incarné

un chien = aye en somali qq'un de sale d'impure et peu recommandable

Très souvent

Tout homme porte
en lui une infime partie
du *Bien*
et du *Mal*
et attire à lui
l'un ou l'autre
Toi
mon enfant
ton âme s'ouvre au *Bien*
et ne peut concevoir
le *mal*
Ne m'oublie pas
et va
par la grâce
d'Allah

l'enfant par excellence est immature, voir n'a pas fini son developpement cognitive, (intelligence). Il peut faire ne distingue entre un feu qui est par excellence attirant mais à la fois dangereux. Il attire tout ce qui le fascine mais a ce reflet standard, de survie pour echapper au danger.

Crépuscule...

× crise identitaire, appartenance à plusieurs races et communauté, sommes les blancs et les noirs, etc... l'humanité. Le poète désire au dessus des mœurs et ne tolère l'appart. à un clan, une tribu, une ethnie. Chez les somalies, chaque ethnie est unique.

QUI SUIS-JE...

en oppo. avec le concept longtemps de U.S. chez les somalis... ×

Je suis
pour Toi
ce que tu voudrais être
au fond de Toi-même
à l'instant
où ta pensée arrête
sa course

? complexe & desseins

Je dis
ce que Tu voudrais
dire
l'instant
où ton âme
animée
voudrait dire des mots

?

× enfermés d'artan

Enfin
je suis ton autre
Toi-même
dans l'intimité
où se rejoignent
deux pensées
deux êtres
toi et moi

amants ds l'intimité | par opposition

JE SUIS... TU ES

Je suis
ce que je suis
et ce que
Tu n'es pas
et Tu es
ce que je ne suis pas
c'est pourquoi
nous nous complétons
peut-être
comme le Jour et la Nuit

HIER

Une oreille
penchée
Vers des siècles
somnolents
sur le chemin
obscur des temps

Oh ! Naftaye
tu m'as conté
le passé de ma culture
Pensée ivre de ma race
Somale

Et comme
ce sable fin
au creux
d'une main
tu glissais
dans le passé
où l'esprit
seul
peut glaner

L'INFLUX DE TA VOIX...

Je reconnais
toujours l'influx
de ta voix
lorsque tu me contes
une histoire
ou bien lorsque ta pensée
épouse ton âme
qui raconte l'autre revers
de Toi

L'une est fausse
se croyant vraie
l'autre vraie
avec un accent faux

Parfois il arrive
que les deux
se confondent
l'une dans l'autre
et c'est alors
que tu poses
tu soupires
tu attends
et cette pose me paraît
toujours infinie

« Unsolved questions »

WHAT IS TRUTH

Since the *beginning* of
time
if it did exist
man
This flesh *thought*
called the human
mortal
Searched for *truth*...

Truth was expressed
as *light*
love
and *faith*
but never searched
he
the other side of
truth

The ruthless
truth
is nothing else
But the mere doubt
doubt
of the *matter*
doubt in the *word*
and doubt
in this ever
nothingness
of *thought* itself...

LIE...

As darkness
Is the lie
of *light*
itself

Lie
is a sparkle
of *truth*

Believe
in what thou sayest
for lie exists
But in the *essence*
of *faith...*

NOTHINGNESS...

In a nightmare
I have seen the *great*
nothingness
called
the *supreme*

In this mirage
where the limits
of Truth
and doubt
conceive the *spirit*
Sprang forth
a pinch of
matter
out of this *nothingness*

In this mirage
I
have seen
a face
so alike mine
which told me
« Thou art conceived
of thyself
the *essence*
of *thought* »

« Nationalism... »

WHEN DAWN WILL RISE

The distant plains of our loving land
Rise forth into the night
O'er the green vales a sad plaintive moan
distinctly sounds the light

From the heart of the tropical glades
Echoes a clarion call
The beat of the tom-tom aloud proclaims
Liberty for one and all

My SOMALIA ! when shall I behold
The glad auspicious Morn
When thy sons and daughters shall celebrate
the Independence *dawn*

When will that memorable occasion be
By all eagerly cited
When five brothers of *Somalia*
Shall stand fast *united*

Under a single banner our land
Freed from all yoke foreign
Shall rise a noble *nation*
On her own might and main

O ! *Liberty ! Liberty !*
When shall I behold thy arms lovingly o'pe
To enfold our own sweet *Motherland*
Full of promise and hope...

« Dedicated to the flag ».
1954
12 Oct.

« Dedicated to the British Political Agency »
Kuwait 1954.

THE WIDOW WHOSE SON LIES THERE...

She was old and decrepit
Hunger tortured her body
Her haggard stare
Reflected the void
Of the everlasting *night*
The widow whose son lies there !

The weight of age
And misery
Were carved upon her face
She tried to talk
But words are not so easy to forge
When the mouth is devoid of teeth
The widow whose son lies there !

Two dark holes
In her face
Glittered of dark shadows
When sunlight reflected upon them
In her undying *night*

By which they faced
The shallow Stench
That *evil* shadow
Hunger itself
The widow whose son lies there !

Darkness was upon her
As was her skin
She faced with her meager forces
The undreamed *depths* of *misery*
The beginning and the end
Of the feeling sadness
Loneliness
The widow whose son lies there !

She told me
At long last
She had a son
Big and strong
An only son who cared for her
The widow whose son lies there !

Torture me not
and let me be
in my lonesome wilderness
With the thought of my son
So tried she wept
Alas ! the source of her tears
Was sterile since the days
He departed away from her
A mournful sound from her throat
Was the only expression
Of her sorrow
The widow whose son lies there !

She told me
The big *sarkal*
the *white sahib*
One day
Thirteen years back
Took away my son
My only son
The widow whose son lies there !

She was Blind
but still could see
her only son
In the ever dark world
In which she lived her sorrowful days
She called him now and again
Warsamo... w w w w w w !!!
The widow whose son lies there !

The *big sahib*
the white *sarkal*
himself never did come back
And never did so her only son
for he lies there
Once the battle fields
of *honour*
Where now rice paddies grow o'er
His unknown tomb
Amidst others
Brothers in *death*

Those Glorious soldiers
Who died for *liberty*
And *democracy*

What have ye done
O ! LIBERTY
What have ye given
O ! DEMOCRACY

Vain Promises
Mirage of our *dreams*
But meanwhile
His mother begs for rice
and *bread*
In the lasting night
Of her days
The widow whose son lies there!!!

Her son
was named
Warsama Samakab
Herself
Samaron Fahiyeh
From *Erigavo district*
British *Somaliland*
Every one there knows her
As the *widow* whose *son*
The *white sahib*
the *big sarkal*
Took away to *Burma*...

& La grd famine Somali (1974)
dabaal dheer.
Abaar dheer / 1974-1981

HUNGER BE IN THY PATH !

Hunger
Gnaws everything in its path
The belly and brains
As leprosy the skin

It comes right out
from hell
And takes the return trip
Along its prey

She's
The daughter
of the *seven* deadly *sins*
Born in the gutters
The stench
Of the corridors of *hell*
The shadow of all that is *evil*

From *times*
Immemorial
Hate was expressed
May hunger be in thy path
And curse
Hunger wrath upon thee

Expression de maudire une personne quand elle dernier vous souhaite du mal.

→ enfer

HUNGER AT THEIR HEELS...

What have they done
to be treated so
No work for Somalis
and no bread either
Misery everywhere
Why should they be treated so ?

famille

Their brothers
and mine
Their cousins
and mine
Died by hundreds
In the fields of honour
What have they done
to be treated so ?

Bataillon somali

In Burma
Somali Forces honoured
the Union Flag
In South of France

Bataillon somali

aucune reconnaissance
de la puissance
coloniale pour
les soldats morts
la France.

The battle of the Point de Grave
The Somali battalion
Honoured the Free Forces
What have they done
To be treated so ?

What in return
have received
The children of those
who enjoy the Everlasting Sleep
in the fields whence none returns
Even not their meagre rights
and know not to claim it
in the White Book
of humain rights
hoguey ! hoguey !
they keep on crying
What have they done
to be treated so?

By hundreds
the children of those
who never returned
Emigrate to hostile countries
meet alien people
they know not
What they do
for hunger is at their heels
Misery and hate
imported in their Motherland
Free of tax
and custom duties
Deportation
awaits them
in every sea port

What have done
these children
of those Glorious soldiers
to be treated so ?

*« Dedicated to all the
Somalis who go Abroad... »*

Expression chez les voyageurs

FRAUD…

passeport

« He entered in fraud
Had a glimpse
of *hell*

And was soon deported »

déportation
exil
langueur
tristesse

« *Arabia 1955.* »

Peut-être
Aden 1955

*« Dedicated to all the African Nations
to be in 1960... »*

THE BIRTH OF A NATION

If it
were granted me
I fain
would a witness
be
to the early
baby cries
of that Nation
to be

I'd also
like
If that were granted me
to hold
in my arms
over the baptismal fonts
the proud
and velvet head
of this number « X »
African Nation

And
penning
light
and delicate,
sign
its sovereign
birth
certificate

Oh !
I'd like
so much like
to witness
the early hours
of that Nation
to be born

LA — ILA — HA ILAL — / Dieu

LA —

MOHAMED OU — RASOULOUL

LA —

« 1960 »

implore { Dieu et son prophète

TABLE DES POEMES

Préface 7
Ni poète, ni écrivain 12
Evasion 14
Ange noir 15
Pourquoi 18
Amour 19
Toi 20
Tes yeux rieurs 21
Ne m'oublie pas... 23
Adieu 25
L'Ange aux ailes brisées 29
La femme et le chien 33
Qui suis-je... 41
Je suis... Tu es 43
Hier 44
L'Influx de ta voix 45

What is truth 49
Lie 51
Nothingness 52
When dawn will rise 57
The widow whose son lies there 59
Hunger be in thy path 63
Hunger at their heels 65
Fraud 68
The Birth of a Nation 69

Achevé d'imprimer par Corlet Numérique - 14110 Condé-sur-Noireau
N° d'Imprimeur : 2343 - Dépôt légal : janvier 2000 - Imprimé sur DemandStream

Imprimé en UE